CURRICULUM VIOLETTE

CURRICULUM VIOLETTE

Robert Crawford

avec traduction en français par

Paul Malgrati

Molecular Press
Geneva

ISBN 978-2-9700376-9-9

Curriculum Violette copyright (c) 2021 by Robert Crawford

Translation copyright (c) 2021 by Paul Malgrati

French text edited by Dominique Mitéran

Typeset and designed by Gerry Cambridge
gerry.cambridge@btinternet.com

CURRICULUM VIOLETTE

Pour ma part, quand je m'enfonce le plus intimement dans ce que je nomme moi-même, je bute toujours sur quelque perception particulière, de chaleur ou de froid, de lumière ou d'ombre, d'amour ou de haine, de douleur ou de plaisir. Je ne me saisis jamais, à aucun moment, sans l'aide d'une perception, et je ne peux jamais rien observer d'autre que cette perception-là. Quand mes perceptions viennent à s'abolir quelque instant, comme par un sommeil profond, je suis dès lors rendu si insensible à moi-même que l'on pourrait me déclarer inexistant. De même, si toutes mes perceptions venaient à s'abolir dans la mort, et s'il m'était impossible de penser, de sentir, de voir, d'aimer, et de haïr après la corruption de mon corps, je me trouverais entièrement anéanti et ne saurais concevoir une condition plus apte à faire de moi-même une non-entité. Quand bien même un homme, à la suite d'une introspection sérieuse et impartiale, prétend avoir une conception différente de lui-même, je ne saurais raisonner avec lui. Tout ce que je peux lui accorder, peut-être, est de reconnaître qu'il peut avoir raison aussi bien que moi, mais que nous divergeons essentiellement sur ce point précis. Cet homme peut bien se percevoir comme une entité simple et continue —ce qu'il nomme 'lui-même'— je suis absolument certain qu'un tel principe n'existe pas chez moi.

—David Hume

For my part, when I enter most intimately into what I call myself, I always stumble on some particular perception or other, of heat or cold, light or shade, love or hatred, pain or pleasure. I never catch myself at any time without a perception, and never can observe any thing but the perception. When my perceptions are remov'd for any time, as by sound sleep; so long am I insensible of myself, and may be truly said not to exist. And were all my perceptions remov'd by death, and cou'd I neither think, nor feel, nor see, nor love, nor hate after the dissolution of my body, I shou'd be entirely annihilated, nor do I conceive what is farther requisite to make me a perfect non-entity. If anyone upon serious and unprejudic'd reflexion, thinks he has a different notion of himself, I must confess I can no longer reason with him. All I can allow him is, that he may be in the right as well as I, and that we are essentially different in this particular. He may, perhaps, perceive something simple and continu'd, which he calls himself; tho' I am certain there is no such principle in me.

—David Hume

I

NOM COMPLET

Violette Reine Elizabeth Bushell

DATE DE NAISSANCE

26 6 21

ADRESSE

18 Burnley Road,
Stockwell,
London SW9

DATE

fin juillet 1938 (c'est l'heure de danser)

MÉTÉO

Une certaine probabilité de temps chaud, mais pas aussi beau
    qu'en France

I

NAME

Violette Reine Elizabeth Bushell

D.O.B.

26 6 21

ADDRESS

18 Burnley Road,
Stockwell,
London SW9

DATE

late July 1938 (time for a dance)

WEATHER

A chance of heat but not as good as France

GARES

Stockwell (odeur de tabac ; coups de cravache des cordes
    à sauter)
Vauxhall (où sont les baraques à frites ?)
Pimlico (autoportrait cireux d'un juif allemand par Max Machin,
    Tate Gallery)
Victoria (taxis noirs ; une vieille dame Belle Epoque)
Sloane Square quelques hommes en costumes Glen Urquhart)
South Ken

TERRAIN

Asphalte
Dallage
Charles Dawton, Pâtissier et Confiseur (sorbets glacés)
Isaac Tasch, Boucher casher (oies sur crochets)
Arthur Bloom, Boulanger
Sidney Davis, Librairie d'occasion
Nicholls & Co., imprimeurs
John Yuill, bookmaker
The Old Queen's Head
Ecole de Stockwell Road
Ameublements Mold (couvre-lit au crochet)
The Plough Inn
Rose Schofield, corsets français (High Street Ken)

UNE VIEILLE HISTOIRE

—par Andrew Lang

Jeanne d'Arc fut peut-être la personne la plus merveilleuse que le
monde ait connu. Son histoire est si étrange que nous pourrions

STATIONS

Stockwell (tobacco smell; the tick and whip of skipping ropes)
Vauxhall (where are the chip shops?)
Pimlico (Max Someone's waxy German Jewish self-portrait, Tate
    Gallery)
Victoria (black taxis; old lady in greenery-yallery)
Sloane Square (Glen Urquhart-suited men)
South Ken

TERRAIN

Asphalt
Paving slabs
Charles Dawton, Cake Maker and Confectioner (sherbet dabs)
Isaac Tasch, Kosher Butcher (geese on hooks)
Arthur Bloom, Baker
Sidney Davis, Second-hand Books
Nicholls & Co., Printers
John Yuill, Bookmaker
The Old Queen's Head
Stockwell Road School
Mold's Furnishing Stores (crocheted bedspread)
The Plough Inn
Rose Schofield, French corsetière (High Street Ken)

AN OLD STORY

—by Andrew Lang

Joan of Arc was perhaps the most wonderful person who ever lived
in the world. The story of her life is so strange that we could scarcely

difficilement la croire vraie si tous les événements de sa vie n'avaient été racontés par des témoins devant un tribunal et consignés par écrit, de son vivant, par ses ennemis mortels. Elle fut brûlée vive à dix-neuf ans seulement, et n'avait pas dix-sept ans lorsqu'elle conduisit pour la première fois les armées françaises à la victoire, boutant les Anglais hors du pays.

Jeanne était née d'un homme pauvre, dans un petit village de province. Elle ne savait ni lire, ni écrire, ni monter à cheval. Pourtant sa sagesse dépassait un grand nombre de beaux esprits, qui furent tous incapables de la prendre en défaut. Elle se montra l'une des meilleures cavalières du royaume, l'une des plus habiles à manier le canon, et une générale d'une si grande qualité qu'elle ne cessa de vaincre les anglais, et que son armée ne fut jamais défaite jusqu'à ce que son roi l'eût abandonnée. Elle déployait tant de courage que même de graves blessures ne pouvaient l'empêcher de mener ses soldats. Et elle avait le coeur si tendre qu'elle réconfortait même les Anglais blessés sur le champ de bataille et les protégeait des actes de cruauté.

ENTRAÎNEMENT

Gymnastique, escalade dans les arbres, français, anglais, arithmétique, violon, stands de tir, cyclisme, natation, vente et emballage de corsets, préparation de thé et de café, balayage de planchers, dépoussiérage d'étalages, livraison de corsets.

LISTE DE COURSES

Billets pour Locarno (« La danse est la poésie du mouvement ») (nouveautés de cette saison : le Palais Glide, le Lambeth Walk) Cigarettes Churchman's n°1 (paquet vert) Lotion à la camomille Parfum acheté au Bon Marché Epingles à broder

believe it to be true, if all that happened to her had not been told by people in a court of law, and written down by her deadly enemies, while she was still alive. She was burned to death when she was only nineteen: she was not seventeen when she first led the armies of France to victory, and delivered her country from the English.

Joan was the daughter of a poor man in a little country village. She had never learned to read, or write, or mount a horse. Yet she was so wise that many learned men could not puzzle her by questions: she was one of the best riders in France; one of the most skilled in aiming cannons, and so great a general that she defeated the English again and again, and her army was never beaten till her King deserted her. She was so brave that severe wounds could not stop her from leading on her soldiers, and so tender-hearted that she would comfort the wounded English on the field of battle, and protect them from cruelty.

TRAINING

Gymnastics, tree-climbing, French, English, Arithmetic, violin, Shooting Galleries, cycling, swimming, selling and wrapping corsets, making tea, making coffee, sweeping floors, dusting shelves, delivering corsets.

SHOPPING LIST

Locarno tickets ('Dancing is the Poetry of Motion')
(new this season: the Palais Glide, the Lambeth Walk)
Churchman's No. 1 Cigarettes (green pack)
Camomile lotion
Perfume from the Bon Marché
Pins for embroidery

PRIÈRE

Notre Père, qui es aux cieux,
Que ton nom soit sanctifié,
Que ton règne vienne,
Que ta volonté soit faite sur la terre comme au ciel.
Donne-nous aujourd'hui notre pain de ce jour.
Pardonne-nous nos offenses
Comme nous pardonnons aussi à ceux qui nous ont offensés.
Et ne nous soumets pas à la tentation,
mais délivre-nous du mal,

Amen.

CHOSES ENTENDUES / SOUVENIRS

« Violet Bushell est une F-F-Frog »

« Tes longs cheveux noirs ont le brillant d'une aile de corbeau »

« J'aime quand tu chantes »

[chant soprano :]
Un bel dì, vedremo
levarsi un fil di fumo sull'estremo
confin del mare.
E poi la nave appare.
Poi la nave bianca
entra nel porto, romba il suo saluto.
Vedi? È venuto!
Io non gli scendo incontro. Io no. Mi metto
là sul ciglio del colle e aspetto, e aspetto
gran tempo e non mi pesa
la lunga attesa.
(Un beau jour nous verrons

PRAYER

Notre Père, qui es aux cieux,
Que ton nom soit sanctifié,
Que ton règne vienne,
Que ta volonté soit faite sur la terre comme au ciel.
Donne-nous aujourd'hui notre pain de ce jour.
Pardonne-nous nos offenses
Comme nous pardonnons aussi à ceux qui nous ont offensés.
Et ne nous soumets pas à la tentation,
mais délivre-nous du mal,

Amen.

OVERHEARD/REMEMBERED

'Violet Bushel is a F- F-Frog'

'Your long dark hair has the sheen of a raven's wing'

'I love it when you sing'

[*soprano singing*]
Un bel dì, vedremo
levarsi un fil di fumo sull'estremo
confin del mare.
E poi la nave appare.
Poi la nave bianca
entra nel porto, romba il suo saluto.
Vedi? È venuto!
Io non gli scendo incontro. Io no. Mi metto
là sul ciglio del colle e aspetto, e aspetto
gran tempo e non mi pesa
la lunga attesa.
(One fine day we'll catch

Une fumée se lever
Aux confins de la mer,
Et puis le navire apparaît.
Puis le navire est blanc
Il entre dans le port et tonne son salut
Regarde donc ! Il arrive
Je n'ose pas aller à sa rencontre. Mais non !
là, au bord de la colline, j'attends, j'attends
longtemps—peu m'importe
la longue attente.)

EVALUATION

Vive et jolie fille ; sportive ; parle bien français ; cheveux noirs ;
pas snob pour un sou ; je-m'en-foutiste.

DISTANCES PARCOURUES

Kensington-Pangbourne sur une rutilante bicyclette Raleigh
Tourist noire—dérailleur amovible—100 miles (aller-retour) ;
Stockwell à Noyelles-sur-Somme, 160 miles (aller simple, ferry
compris).

NOURRITURE

Cuisine maison (biscuits Empire, scones)
Viennoiseries de Kensington
confiseries (bonbons)
jambon fumé

A thread of smoke rising
On the sea's far horizon,
And then the ship appears.
Then the white ship
Enters the harbour, booming her salute.
See? He has come!
I don't go down to meet him. Not me! I stay
there on the hill's brow, waiting, and waiting
a long time—I don't mind
the long waiting.)

ASSESSMENT

Lively, pretty girl; sporty; good French; black hair; no highbrow;
devil-may-care.

DISTANCES

Kensington to Pangbourne by gleaming black Raleigh Tourist
bicycle—detachable gear case—100 miles (round-trip); Stockwell
to Noyelles-sur-Somme 160 miles (one-way, including cross-
channel boat).

FOOD

Home-baking (Empire biscuits, scones)
Kensington patisseries
sweets (bonbons)
gammon

limande-sole
agneau à la sauce à la menthe, servi avec la louche racommodée de
    grand-maman
toad in the hole (classique de la cuisine britannique)
tranche de saumon

RÉVEILLÉE PAR

Centre social municipal, arrondissement de Lambeth
'Sing as We Go' chanté par Grace Fields
Madame Butterfly
Charlie Kuntz
Tata Flo
des étourneaux sifflant dans un ciel lourd de nuages
un bébé qui pleure dans l'appartement du dessous

FAUNE ET FLORE

Pigeons (délicatement engraissés à force de bouts de pain, pattes
    mutilées)
Encore des pigeons (ils s'embrassent)
Merles (ils chantent *pink, pink, pink*)
Herbe, renoncules et hortensias à Slade Gardens
Mauvaise herbe
Un chien terrier cligne des yeux

ACCESSOIRES

poudrier
miroir (provenant du toit-terrasse de Derry & Toms)

lemon sole
lamb and mint sauce with grandmaman's mended mint-sauce ladle
toad in the hole
slice of salmon

AWOKEN BY

Lambeth Borough Council Welfare Centre
Gracie Fields singing 'Sing As We Go'
Madama Butterfly
Charlie Kuntz
Auntie Flo
starlings whistling in a cloudy sky
a baby crying in the flat below

FLORA AND FAUNA

Pigeons (daintily fat on breadcrumbs, toes missing)
More pigeons (kissing)
Blackbirds (singing *pink, pink, pink*)
Grass, buttercups, and hydrangeas in Slade Gardens
Grounsel
A terrier's wink

THINGS CARRIED

Compact
mirror (from the roof garden at Derry & Toms)

dentelle
étui à cigarettes
rouge à lèvres (nuance préférée)
fil à aiguille de maman

lace
cigarette case
lipstick (favourite shade)
Mother's needle and thread

II

NOM COMPLET

Soldat Violette Szabo
(Armée de Terre auxiliaire)

DATE DE NAISSANCE

26 6 21

ADRESSE

36/1 Pembridge Villas,
Notting Hill,
London W11

DATE

7 novembre 1941

II

NAME

Private Violette Szabo
(Auxiliary Territorial Service)

D.O.B.

26 6 21

ADDRESS

36/1 Pembridge Villas,
Notting Hill,
London W11

DATE

7 November 1941

MÉTÉO

Maussade ; dépression atmosphérique venue de France, se déplaçant NNO au-dessus des îles britanniques ; très instable globalement ; force moyenne du vent supérieure à la normale ; température toujours supérieure à la moyenne, l'écart varie entre +0,3 degrés Fahrenheit dans l'est de l'Angleterre et +1,1 degrés Fahrenheit dans les Midlands ; précipitations : 99% de la valeur moyenne ; brouillard dense.

GARES

Notting Hill Gate (sirènes, sacs de sable)
Queensway (un accent écossais crie : «En Marche !»)
Lancaster Gate (abris Anderson, chiffons)
Marble Arch
Bond Street
Baker Street (Sherlock Holmes)

TERRAIN

Dômes bombardés
Asphalte
Air cendré
Canalisations éventrées
Façades de l'allée Chepstow détruites sans retour
Maçonnerie déchue
Cratères d'égouts
Bois réduit à l'état d'échardes
Lueurs de braises sur Gloucester Road

WEATHER

Dull; depression moving NNW from France over British Isles; generally very unsettled; mean wind pressure above average; temperature still above average, deviation ranging from +0.3 degrees Fahrenheit in Eastern England to +1.1 degrees Fahrenheit in Midlands; precipitation 99% of average; considerable fog.

STATIONS

Notting Hill Gate (sirens, sandbags)
Queensway (a Scottish accent yelling, 'March!')
Lancaster Gate (Anderson shelters, rags)
Marble Arch
Bond Street
Baker Street (Sherlock Holmes)

TERRAIN

Bombed domes
Asphalt
Ash-tanged air
Burst water mains
Part of Chepstow Crescent damaged beyond repair
Fallen masonry
Cratered drains
Splintered wood
Smouldering Gloucester Road

UNE VIEILLE HISTOIRE

—par la baronne Orczy

Alors que Marguerite, glacée d'horreur , écoutait les instructions données par Chauvelin à son subalterne, le plan de capture du Mouron Rouge lui devenait, dans son ensemble, terriblement clair. Chauvelin souhaitait que l'on fît naître un faux sentiment de sécurité chez les fugitifs, lesquels attendraient dans leur retraite cachée que Percy les rejoignît. C'est alors que l'audacieux conspirateur devrait se trouver encerclé et pris en flagrant délit de soutien et d'encouragementaux royalistes, traîtres à la République. Si cette capture venait à s'ébruiter à l'étranger, le subterfuge de Chauvelin permettrait ainsi d'empêcher le gouvernement britannique d'entamer des protestations légales en faveur du Mouron Rouge : puisque ce dernier complotait avec les ennemis de la France, la République avait le droit de le mettre à mort.

Il n'y avait aucune échappatoire possible, ni pour lui ni pour eux. Des patrouilles et des gardes surveillaient toutes les routes. Le piège était bien tendu, et le filet, largement ouvert, allait se resserrer peu à peu, jusqu'à se refermer sur l'audacieux conspirateur, dont la ruse surhumaine ne saurait, cette fois-ci trouver un chemin à travers ses mailles.

ENTRAÎNEMENT

Recherche sur les possibilités d'emploi de diverses batteries antiaeriennes lourdes (mise en service du détecteur de missile, utilisation de l'altimètre télescopique avec fusion d'images, puis détecteur et réglage du fusible)

AN OLD STORY

—by Baroness Orczy

As Marguerite, sick with horror, listened to Chauvelin's directions to his underling, the whole of the plan for the capture of the Scarlet Pimpernel became appallingly clear to her. Chauvelin wished that the fugitives should be left in false security waiting in their hidden retreat until Percy joined them. Then the daring plotter was to be surrounded and caught red-handed, in the very act of aiding and abetting royalists, who were traitors to the republic. Thus, if his capture were noised abroad, even the British Government could not legally protest in his favour; having plotted with the enemies of the French Government, France had the right to put him to death.

Escape for him and them would be impossible. All the roads patrolled and watched, the trap well set, the net, wide at present, but drawing together tighter and tighter, until it closed upon the daring plotter, whose superhuman cunning even could not rescue him from its meshes now.

TRAINING

Investigating possibility of mixed heavy anti-aircraft battery (operation of missile predictor, using telescopic height-finder with image merging, then predictor and fuse setting)

LISTE DE COURSES

Carnet de rationnement avec des tickets pour l'allocation
    hebdomadaire :
Bacon et jambon, 2 onces
Viande, pour une valeur d'un shilling et deux pence
Beurre, 2 onces
Fromage, 2 onces
Margarine, 4 onces
Graisse de cuisson, 4 onces
Lait, 3 pintes (se souvenir de garder les bouchons en aluminium)
Sucre, 8 onces
Conserves, 1 livre tous les 2 mois
Thé, 2 onces (introuvable dans les magasins locaux)
Œufs, 1 frais (plus tickets pour des oeufs séchés)
Bonbons, 12 onces toutes les quatre semaines
Poireaux

PRIÈRE

Agnus Dei,
qui tollis peccata mundi : miserere nobis.
Agnus Dei,
qui tollis peccata mundi : miserere nobis.
Agnus Dei,
qui tollis peccata mundi : dona nobis pacem.

(Agneau de Dieu
Qui enlèves le péché du monde, prends pitié de nous.
Agneau de Dieu
Qui enlèves le péché du monde, prends pitié de nous.
Agneau de Dieu
Qui enlèves le péché du monde, donne-nous la paix.)

SHOPPING LIST

Ration book with coupons for weekly allowance:
Bacon and ham, 2 ounces
Other meat, one shilling and tuppence worth
Butter, 2 ounces
Cheese, 2 ounces
Margarine, 4 ounces
Cooking fat, 4 ounces
Milk, 3 pints (remember to collect foil bottle-tops)
Sugar, 8 ounces
Preserves, 1 pound by weight every 2 months
Tea, 2 ounces (but none in local shops)
Eggs, 1 fresh (plus dried-egg allowance)
Sweets, 12 ounces every four weeks
Leeks

PRAYER

Agnus Dei,
qui tollis peccata mundi: miserere nobis.
Agnus Dei,
qui tollis peccata mundi: miserere nobis.
Agnus Dei,
qui tollis peccata mundi: dona nobis pacem.

(Lamb of God,
Who takes away the sins of the world: have mercy on us.
Lamb of God,
Who takes away the sins of the world: have mercy on us.
Lamb of God,
Who takes away the sins of the world: grant us peace.)

CHOSES ENTENDUES / SOUVENIRS

« 60145 Sergent-major Etienne Michel René Szabo, Treizième Demi-Brigade, Légion Etrangère »

« Je t'aime, Violette, je t'aime, je t'aime, je t'aime »

«Dans le bonheur et dans les épreuves »

« Cette fille est une perle »

« La garde d'honneur constellée de confettis »

« Les forces franco-anglaises ont capturé Asmara, capitale de l'Érythrée »

« Les Français Libres ont repris Damas aux vichystes »

« Garde aux symptômes de pré-éclampsie »

ÉVALUATION

En bonne santé ; température normale ; nausées matinales minimes ; terme prévu : juin 1942.

DISTANCES

Notting Hill–Asmara 6 200 miles ; Notting Hill–Damas 2850 miles ; temps restant jusqu'à terme : environ 30 semaines.

OVERHEARD/REMEMBERED

'60145 Sergeant Major Etienne Michel René Szabo,
Treizième Demi-Brigade Légion Etrangère'

'Je t'aime, Violette, je t'aime, je t'aime, je t'aime'

'in sickness and in health'

'a bonnie gem'

'the guard of honour sprinkled with confetti'

'Anglo-French Forces have captured Asmara, capital of Eritrea'

'the Free French have captured Vichy Damascus'

'be careful in case of pre-eclampsia'

ASSESSMENT

Healthy; temperature normal; morning sickness minimal; due
date, June 1942.

DISTANCES

Notting Hill to Asmara 6,200 miles; Notting Hill to Damascus
2850 miles; time left until due date, approximately 30 weeks.

NOURRITURE

Bacon et jambon, 2 onces
Viande, pour une valeur d'un shilling et deux pence
Beurre, 2 onces
Fromage, 2 onces
Margarine, 4 onces
Graisse de cuisson, 4 onces
Lait, 3 pintes (se souvenir de garder les bouchons en aluminium)
Sucre, 8 onces
Conserves, 1 livre tous les 2 mois
Thé, 2 onces (introuvable dans les magasins locaux)
Œufs, 1 frais (plus tickets pour des oeufs séchés)
Bonbons, 12 onces toutes les quatre semaines
Poireaux

RÉVEILLÉE PAR

Sirènes de d'alerte aérienne
Des cris (« Finn ! Quelqu'un a-t-il vu notre petit Finn ? »)
Rêves d'Afrique
Vera Lynn sur un gramophone dans l'appartement du dessus
Gardien laissant tomber son masque à gaz

FAUNE ET FLORE

Pigeons (maigrichons—les bouts de pain se font rares)
rats à la brune
blattes (elles glissent sur le lino délavé et rapiécé)
chats, maigres et tigrés

FOOD

Bacon and ham, 2 ounces
Other meat, one shilling and tuppence worth
Butter, 2 ounces
Cheese, 2 ounces
Margarine, 4 ounces
Cooking fat, 4 ounces
Milk, 3 pints (remember to collect foil bottle-tops)
Sugar, 8 ounces
Preserves, 1 pound by weight every 2 months
Tea, 2 ounces (but none in local shops)
Eggs, 1 fresh (plus dried-egg allowance)
Sweets, 12 ounces every four weeks
Leeks

AWOKEN BY

Air-raid sirens
Shouting ('Finn! Has anyone seen our Finn?')
Dreams of Africa
Gramophone from flat above playing Vera Lynn
Warden dropping his gasmask

FLORA AND FAUNA

Pigeons (scrawny—fewer breadcrumbs)
rats after dark
cockroaches (skittering across faded, patched linoleum)
lean, tigerish cats

merles (ils chantent *pink, pink, pink*)
herbe (à la puanteur de cendre)
un orme tombé à Holland Park

ACCESSOIRES

poudrier
carnet de rationnement
carte d'identité
miroir provenant du toit-terrasse de Derry & Toms
étui à cigarettes
dentelle
rouge à lèvres (nuance préférée)
fil à aiguille de maman

blackbirds (singing *pink, pink, pink*)
grass (with an ashy stink)
a fallen elm in Holland Park

THINGS CARRIED

Compact
ration book
identity card
mirror from the roof garden at Derry & Toms
cigarette case
lace
lipstick (favourite shade)
Mother's needle and thread

III

NOM COMPLET

Madame Szabo (tel. Bayswater 6188)

DATE DE NAISSANCE

26 6 21

ADRESSE

Direction des opérations spéciales,
Inverie,
Knoydart,
Hautes-Terres d'Ecosse, Zone Protégée

DATE

Septembre 1943

III

NAME

Mrs. Szabo (tel. Bayswater 6188)

D.O.B.

26 6 21

ADDRESS

SOE,
Inverie,
Knoydart,
Scottish Highlands Protected Area

DATE

September 1943

MÉTÉO

Rafales de vent, soleil brûlant, très sec, diluvien, mer forte

GARES

Euston
Watford Junction (extinction des feux, vol de hibou pâle)
Stafford
Crewe
Warrington Bank Quay
Wigan
Preston (un thé sans lait)
Lancaster
Carnforth
Oxenholme (au loin, des cascades)
Penrith
Carlisle
Lockerbie
Carstairs Junction (sourire d'un sergent polonais)
Motherwell
Glasgow Central (face aux piliers de la galerie égyptienne)
Glasgow Queen Street
Dalmuir (murs blanchis à la craie)
Dumbarton Central (neige fondue)
Helensburgh Upper
Garelochhead (barbelés camouflés)
Arrochar & Tarbet
Ardlui
Crianlarich (boulets de charbon ardents dans la cheminée de la
    salle d'attente)
Tyndrum Upper
Bridge of Orchy

WEATHER

Blustery, sunstruck, parching, torrential, heavy sea

STATIONS

Euston
Watford Junction (full blackout, pale owl flitting through)
Stafford
Crewe
Warrington Bank Quay
Wigan
Preston (milkless tea)
Lancaster
Carnforth
Oxenholme (distant waterfalls)
Penrith
Carlisle
Lockerbie
Carstairs Junction (a Polish sergeant's smile)
Motherwell
Glasgow Central (opposite the pillars of the Egyptian Halls)
Glasgow Queen Street
Dalmuir (chalked walls)
Dumbarton Central (sleet)
Helensburgh Upper
Garelochhead (camouflaged wire)
Arrochar & Tarbet
Ardlui
Crianlarich (red coals on waiting-room fire)
Upper Tyndrum
Bridge of Orchy
Rannoch (deer at moor's edge)

Rannoch (cerf à la lisière de la lande)
Corrour
Tulloch
Roy Bridge (un géologue désigne du doigt « les routes
    parallèles »)
Spean Bridge
Fort William (contrôle des papiers cornés)
Banavie
Corpach (crapauds)
Locheilside
Glenfinnan (vu depuis le viaduc : le monument au Chevalier,
    Bonnie Prince Charlie)
Lochailort
Beasdale (raide pour descendre sur le quai; crépi sur les murs)
Arisaig (la mer! la mer!)
Morar (moutons)
Mallaig (soudaines senteurs de hareng)
bateau postal à Inverie

TERRAIN

parcours du combattant, tourbière, flancs de falaise, piste à
moutons, Gleann an Dubh-lochain, Sgùrr Coire nan Gobhar,
méduses, essence, rendez-vous à six heures pétantes à Sgùrr
na Ciche

UNE VIEILLE HISTOIRE

—par Robert Louis Stevenson

« Ils vont fouiller Appin à la bougie, et faudra qu'on remette tout
en ordre. Pour le moment, on enterre ces deux ou trois fusils et
épées dans la mousse, vous voyez ; et ça, j'y pense, ça sera vos habits
français. Il va falloir les enterrer, je crois bien. »

Corrour
Tulloch
Roy Bridge (geologist pointed out 'the parallel roads')
Spean Bridge
Fort William (dog-eared papers checked)
Banavie
Corpach (toads)
Locheilside
Glenfinnan (from the viaduct: monument to Le Chevalier, Bonnie
    Prince Charlie)
Lochailort
Beasdale (steep drop to platform; harling)
Arisaig (the sea! the sea!)
Morar (sheep)
Mallaig (sudden smell of herring)
mail-boat to Inverie

TERRAIN

assault course, bog, cliff-face, sheep-track, Gleann an Dubh-
lochain, Sgùrr Coire nan Gobhar, jellyfish, oil, rendezvous sharp
Sgùrr na Ciche

AN OLD STORY

—by Robert Louis Stevenson

"They'll search Appin with candles, and we must have all things
straight. We're digging the bit guns and swords into the moss, ye
see; and these, I am thinking, will be your ain French clothes. We'll
be to bury them, I believe."

« Enterrer mes habits français ! », s'écria Alan. « Pardieu, non ! »
Et il saisit le paquet, puis se retira dans la grange pour s'en occuper
lui-même, tout en me recommandant à son parent.

James obtempéra et me conduisit dans la cuisine avant de s'attabler
avec moi, le sourire aux lèvres et la parole affable. Mais bientôt, sa
tristesse reprit le dessus. Assis, les sourcils froncés et se rongeant les
ongles, il cessait de me prêter attention, sinon pour quelques mots
entrecoupés de silences. Le sourire pincé, il retombait aux prises de
ses terreurs Sa femme pleurait, assise au coin du feu, le visage caché
dans ses les mains. Son fils ainé, accroupi sur le sol , triait un gros tas
de papier dont il jetait, de temps à autre, une page dans les flammes,
la laissant brûler jusqu'au dernier bruissement. Et, pendant tout
ce temps, une servante rougeaude , aveuglée par la peur, fouillait
précipitamment les quatre coins de la pièce tout en gémissant. A
tout instant, l'un des hommes postés dans la cour passait la tête par
la porte et criait pour demander des ordres.

ENTRAÎNEMENT

Assassinat silencieux, combat au couteau, lecture de cartes
et marche à la boussole, planification d'opérations, explosifs,
manuel d'utilisation de la mitraillette Sten (ne pas divulguer),
formation de sapeur, technique de couvertures, progression à plat
ventre, crayon détonateur, préparation parachutiste, matelotage,
techniques de campagne, rédaction de rapports pro forma,
tactique en opération, notions de morse

LISTE DE COURSES

eau
flocons d'avoine
sel
whisky (« un p'tit coup de malt »)

"Bury my French clothes!" cried Alan. "Troth, no!" And he laid hold upon the packet and retired into the barn to shift himself, recommending me in the meanwhile to his kinsman.

James carried me accordingly into the kitchen, and sat down with me at table, smiling and talking at first in a very hospitable manner. But presently the gloom returned upon him; he sat frowning and biting his fingers; only remembered me from time to time; and then gave me but a word or two, and a poor smile, and back into his private terrors. His wife sat by the fire and wept, with her face in her hands; his eldest son was crouched upon the floor, running over a great mass of papers and now and again setting one alight and burning it to the bitter end; all the while a servant lass with a red face was rummaging about the room, in a blind hurry of fear, and whimpering as she went; and every now and again one of the men would thrust in his face from the yard and cry for orders.

TRAINING

Silent killing, knife fighting, map reading and compass work, operations planning, explosives, Sten Machine Carbine Instructions (Not to be Published), demolition training, use of cover, stomach crawling, time pencils, parachute preparation, rope work, fieldcraft, pro forma reporting, raid tactics, elementary Morse

SHOPPING LIST

water
oatmeal
salt
whisky ('a wee nip of malt')

crochets à serrure
boîte d'allumettes
sac à dos avec boussole
carnet
crayon
explosifs
chaussettes

PRIÈRE

Ave maris stella,
Dei Mater alma,
atque semper Virgo,
felix caeli porta.

Sumens illud Ave
Gabrielis ore,
funda nos in pace,
mutans Hevae nomen.

(Salut, étoile de la mer,
Mère nourricière de Dieu,
Et toujours Vierge,
Bienheureuse porte du ciel

Recevant cet Ave
De la bouche de Gabriel,
Affermissez-nous dans la paix
Par ce changement du nom d'Eve)

picklocks
matchbox
rucksack with compass
notebook
pencil
explosives
socks

PRAYER

Ave maris stella,
Dei Mater alma,
atque semper Virgo,
felix caeli porta.

Sumens illud Ave
Gabrielis ore,
funda nos in pace,
mutans Hevae nomen.

(Hail, Star of the sea,
God's nourishing mother,
Eternal Virgin,
blessèd heaven's gate.

Taking that prayer
From the angel Gabriel,
Set us in peace,
O name-changing Eve)

CHOSES ENTENDUES / SOUVENIRS

« Comment arrêter un moteur avec seulement un petit sac de sable »

« Votre mari est mort des suites de ses blessures près de Qaret El Himeimat, au sud d'El Alamein. »

« Ouvre toujours les poings quand tu te bats »

« Un p'tit verre dans chaque main »

« Ach, Bruce, encore une méduse aussi grande que le Loch Nevis là-bas»

« *Ceud mille failte* »

« Vous avez une fille. »

ÉVALUATION

Sociable, sympathique, laborieuse, soucieuse de plaire, mature mais des côtés enfantins , bon coeur, capricieuse, courageuse, parle français avec l'accent anglais, en pleine forme physique, ne se rend pas compte des conséquences de ses actes, manque d'objectifs précis, manque de clairvoyance, esprit fataliste, difficile à déchiffrer, généralement tout à fait fiable, ne correspond pas aux critères.

OVERHEARD/REMEMBERED

'how to stop an engine with one small bag of sand'

'Your husband died of wounds near Qaret El Himeimat, south of El Alamein.'

'Always fight with your fists open'

'a dram in each hand'

'Ach, Bruce, another jellyfish as big as Loch Nevis in yon water'

'ceud mille failte'

'You have a daughter.'

ASSESSMENT

Sociable, likeable, painstaking, anxious to please, mature but childish, kind-hearted, temperamental, spirited, speaks French with English accent, very fit, does not realise implications, no definite purpose, lacks foresight, fatalistic mind, rather a puzzle, quite reliable, unsuitable.

DISTANCES

La prochaine prise de main est à un demi-mètre au-dessus de la touffe de lichen ; Barrisdale à 6 miles ; Lat. 57° 99' ; Mallaig-Paris 800 miles.

NOURRITURE

Flocons d'avoine (une dent cassée)
Corned beef (bien graisseux, genre baleine)
Sandwichs aux œufs
Bière blonde
Bouillon de poulet

RÉVEILLÉE PAR

Cerfs en haut du long vallon
coups de feu au sud-sud-est
ronfleurs
clairon sonnant le réveil
Le chant d'un courlis

FAUNE ET FLORE

Herbe
Craquement de tiges
Fougères (et tiques)

DISTANCES

Next handhold 2 feet left above lichen; Barrisdale 6 miles; Lat. 57 degrees 99; Mallaig to Paris 800 miles.

FOOD

Oatmeal (broke a tooth)
Tin of meat (blubbery, like whale)
Egg sandwiches
Pale Ale
Chicken broth

AWOKEN BY

Stags up the long glen
Gunshots from South-South-East
Snoring men
Reveille
A curlew's song

FLORA AND FAUNA

Grass
Crackling sticks
Bracken (with ticks)

Cerf en haut du col
Moucherons moucherons moucherons moucherons moucherons
Myrte des marais
Iris jaunes
Vanesses de l'ortie
Tormentille
Os de moutons blanchis
Buses
Merles (ils chantent *pink, pink, pink*)
Pierres
Mouettes
Libellules
Scarabées
Bestioles vertes
Limaces
Aigle royal (face au soleil)

ACCESSOIRES

Boussole
miroir provenant du toit-terrasse de Derry & Toms
dentelle
étui à cigarettes
fil à aiguille de maman

Deer at the pass
Midges midges midges midges midges
Bog myrtle
Yellow irises
Tortoiseshell butterflies
Tormentil
Sheep's bleached bones
Buzzards
Blackbirds (singing *pink, pink, pink*)
Stones
Seagulls
Dragonflies
Beetles
Green Bugs
Slugs
Golden Eagle (against the sun)

THINGS CARRIED

Compass
mirror from the roof garden at Derry & Toms
lace
cigarette case
Mother's needle and thread

IV

NOM COMPLET

Corinne Reine Leroy
98272
(nom de code : Louise)

DATE DE NAISSANCE

26 6 21

ADRESSE

64 rue Thiers,
Le Havre,
Kusten

DATE

Avril 1944

IV

NAME

Corinne Reine Leroy
98272
(codename: Louise)

D.O.B.

26 6 21

ADDRESS

64 rue Thiers,
Le Havre,
Kusten

DATE

April 1944

MÉTÉO

Air sec et chaud, ensoleillé, frais la nuit, beau temps

GARES

Rouen-Rive-Droite (filets de camouflage)
Sotteville
Saint-Étienne-du-Rouvray
Oissel (hirondelle en plein ciel sur une affiche)
Pont de l'Arche
Val-de-Reuil
Saint-Pierre-du-Vauvray (une fête)
Gaillon-Aubevoye
Vernon-Giverny (contrôle des papiers pâlis)
Bonnières
Rosny-sur-Seine (fleuve lugubre, indigne de Paris)
Mantes-Gare
Épône-Mézières
Aubergenville-Élisabethville
Les Mureaux (puanteur d'huile, provenant d'un autre train)
Les Clairières de Verneuil
Vernouillet-Verneuil
Villennes-sur-Seine
Poissy (violoneux blême blotti sous un drap)
Achères-Grand Cormier
Maisons-Laffitte
Sartrouville
Houilles-Carrières-sur-Seine (la rivière plus noble à présent, mais
    de nouveau sombre)
La Garenne-Colombes
Asnières-sur-Seine (odeur de goudron)
Clichy-Levallois (tous les rideaux tirés)

WEATHER

Dry, warm air, sunny, cool at night, fair

STATIONS

Rouen-Rive-Droite (camouflage nets)
Sotteville
Saint-Étienne-du-Rouvray
Oissel (poster with a picture of mid-air swallow)
Pont-de-l'Arche
Val-de-Reuil
Saint-Pierre-du-Vauvray (a fête)
Gaillon-Aubevoye
Vernon-Giverny (not-quite-pristine papers checked)
Bonnières
Rosny-sur-Seine (the river bleak and unParisian)
Mantes-Station
Épône-Mézières
Aubergenville-Élisabethville
Les Mureaux (sudden reek of oil from another train)
Les Clairières de Verneuil
Vernouillet-Verneuil
Villennes-sur-Seine
Poissy (grizzled fiddler huddled in a sheet)
Achères-Grand Cormier
Maisons-Laffitte
Sartrouville
Houilles-Carrières-sur-Seine (the river nobler now, but dark
    again)
La Garenne-Colombes
Asnières-sur-Seine (smell of tar)
Clichy-Levallois (all curtains drawn)

Pont-Cardinet
Paris-Saint-Lazare

TERRAIN

Trottoirs
vélos-taxis
sabots en bois
gazogènes
bergers allemands
croix gammées
la Tour Eiffel
la Madeleine

UNE VIEILLE HISTOIRE

—par Victor Hugo

—Je m'en étais douté, dit Gringoire, vous n'êtes pas de France ?
—Je n'en sais rien.
—Avez-vous vos parents ? »
Elle se mit à chanter sur un vieil air :

> *Mon père est oiseau,*
> *Ma mère est oiselle,*
> *Je passe l'eau sans nacelle,*
> *Je passe l'eau sans bateau.*

« C'est bon, dit Gringoire. À quel âge êtes-vous venue en France ?
—Toute petite.
—À Paris ?
—L'an dernier. Au moment où nous entrions par la Porte-Papale,
j'ai vu filer en l'air la fauvette de roseaux ; c'était à la fin d'août ; j'ai
dit : L'hiver sera rude.

56

Pont-Cardinet
Paris-Saint-Lazare

TERRAIN

Pavements
vélo-taxis
wooden clogs
gazogènes
Alsatian dogs
swastikas
the Eiffel Tower
the Madeleine

AN OLD STORY

—by Victor Hugo

"You are not a native of France?"
"I don't know."
"Are your parents living?"
She began singing to the tune of an old song:--

> *My father's a bird,*
> *And my mother's his mate;*
> *I pass the broad waters*
> *Without boat or bait.*

"How old were you when you came to France?"
"I was quite a child."
"And to Paris?"
"Last year. At the moment we were entering the papal gate, I saw the yellowhammers flying in a line over our heads. It was then the end of August, and I said: 'We shall have a sharp winter.'"

ENTRAÎNEMENT

Evitement, présentation de fausses cartes de rationnement, transport d'informations et de colis secrets, mission d'opérateur radio, liaison, repérage de terrains d'atterrissage, dissimulation de parachutes.

LISTE DE COURSES

Molyneux & Cie., 5, rue Royale
Robe 17 en crêpe noir
Robe 37 en écossais
Golf jersey jaune
Robe 43 en imprimé

Aux Trois Quartiers, Nouveautés Elégantes, Boulevard de la
    Madeleine et Rue Duphot
1 robe enfant (soie blanche à motifs de fleurs, fleurs roses et bleues
    à feuilles vertes) « très, très gentille »
parfum
1 poudrier
1 paire de gants noirs
1 écharpe
1 broche émaillée à pendentif, avec grappe de perles »]

PRIÈRE

Deo Optimo Maximo, sub Invocatione Sanctae Mariae
    Magdalenae

Requiem aeternam dona eis, Domine :
et lux perpetua luceat eis.

TRAINING

Avoidance, presentation of forged ration cards, carrying of information and covert packages, radio work, liaison, location of landing points, parachute disposal.

SHOPPING LIST

Molyneux & Cie., 5, rue Royale
Robe 17 en crêpe noir
Robe 37 en écossais
Golf jersey jaune
Robe 43 en imprimé

Aux Trois Quartiers, Nouveautés Élégantes, Boulevard de la
  Madeleine et Rue Duphot
1 child's dress (white floral silk, pink & blue flowers with green
  leaves) 'très, très gentille'
parfum
1 compact
1 pair black gloves
1 scarf
1 pendant enamel brooch with pearl cluster

PRAYER

Deo Optimo Maximo, sub Invocatione Sanctae Mariae
  Magdalenae

Requiem aeternam dona eis, Domine:
et lux perpetua luceat eis.

te decet hymnus, Deus, in Sion,
et tibi reddetur votum in Ierusalem :
exaudi orationem meam,
ad te omnis caro veniet.
Requiem aeternam dona eis, Domine :
Et lux perpetua luceat eis.

Kyrie, eleison.
Christe, eleison.
Kyrie, eleison.

(Au Dieu Très Bon et Très Grand, par l'invocation de Sainte
    Marie-Madeleine

Donne-leur le repos éternel, Seigneur,
et que la lumière éternelle les illumine.
Dieu, il convient de chanter tes louanges en Sion ;
et de t'offrir des sacrifices à Jérusalem.
Exauce ma prière, toute chair ira à toi.
Donne-leur le repos éternel, Seigneur,
et que la lumière éternelle les illumine.

Seigneur, prends pitié.
Christ, prends pitié.
Seigneur, prends pitié.)

CHOSES ENTENDUES / SOUVENIRS

« Luftwaffen-Lazarett, Paris Clichy »

« Pommes frites et cognac »

« Restez en arrière ! »

te decet hymnus, Deus, in Sion,
et tibi reddetur votum in Ierusalem:
exaudi orationem meam,
ad te omnis caro veniet.
Requiem aeternam dona eis, Domine:
Et lux perpetua luceat eis.

Kyrie, eleison.
Christe, eleison.
Kyrie, eleison.

(To the Best and Greatest God, under the invocation of Saint
    Mary Magdalene

Grant them eternal rest, Lord,
and let perpetual light shine on them.
Lord, a hymn is fit for You in Sion,
and a vow shall be paid You in Jerusalem:
Hear my prayer;
All flesh shall come to you.
Grant them eternal rest, Lord,
and let perpetual light shine on them.

Lord, have mercy.
Christ, have mercy.
Lord, have mercy.)

OVERHEARD/REMEMBERED

'Luftwaffen-Lazarett, Paris Clichy'

'pommes frites et cognac'

'Stay back!'

La voix d'Etienne qui parle du bétail gris, au loin sur la puszta, des eaux du lac Balaton, du Danube coulant entre Buda et Pest.

Pièces de 10 centimes, le trou central est étrangement rassurant

ÉVALUATION

Réseau de vente partiellement compromis ; plusieurs arrestations par la police de Vichy ; réprimandes de rigueur contre des balises mal placées ; avis d'arrestation affichés dans les villes et villages mal imprimés ; papiers pour autorisation dûment complétée.

JE DONNE ET LEGUE À
ma fille Tania Damaris Désirée Szabo,
59 avenue Fernside Mill Hill Edgware N7
tout ce que je possède au moment de ma mort.

DISTANCES

Rouen - Paris 135 kilomètres ; Paris - zone d'atterrissage de Châteauroux 270 kilomètres point d'exfiltration par C-130 Hercules, SSO de Châteauroux).

NOURRITURE

Potée
Pain (légèrement fromagé)
lapin (presque—pas tout à fait—trop filandreux)
cognac

Etienne's voice speaking of the far, grey cattle of the puszta, of the
waters of Lake Balaton, of the Danube flowing between Buda
and Pest

10 centimes coins, the hole at the centre oddly reassuring

ASSESSMENT

Salesman circuit partially compromised; several arrested by
Vichy police; reprimand deserved for ill-placed flare path; badly-
inked arrest posters displayed in towns and villages; appropriate
permission paperwork completed.

I GIVE AND BEQUEATH unto
   my daughter Tania Damaris Désirée Szabo,
   59 Fernside Avenue Mill Hill Edgware N7
   all of which I die possessed.

DISTANCES

Rouen to Paris 135 kilometres; Paris to Châteauroux landing zone
270 kilometres (extraction point Hercules, SSW of Châteauroux).

FOOD

Potée
Bread (slightly cheesy)
rabbit (almost, yet not quite, too stringy)
cognac

(les restaurants parisiens fermés trois jours par semaine)
tabac

RÉVEILLÉE PAR

Crise de mémorisation : taille 1m.64 ; cheveux : châtains roux ;
    yeux : marrons ; visage : ovale ; teint : pâle
la voix du Führer
des cloches sonnent sur la colline
le miaulement d'Isabelle, immobile, grise

FAUNE ET FLORE

Isabelle
pigeons
merles (ils chantent, *pink, pink, pink*)
tulipes (pink, elles aussi)
peupliers qui craquent en se balançant
gazon tondu court sur les Champs-Élysées

ACCESSOIRES

100 000 francs en coupures variées
porte-clés français qui tinte quand on l'agite
portefeuille avec faux papiers
deuxième jeu de faux papiers pour passage en Espagne
étui à cigarettes
fil à aiguille de maman

(restaurants in Paris closed three days a week)
tabac

AWOKEN BY

Nervous memorization: height 1m.64; hair: auburn; eyes: brown;
    face: *ovale*; colour: pale.
the Führer's voice
church bells up the hill
the mewing of still, grey Isabelle

FLORA AND FAUNA

Isabelle
pigeons
blackbirds (singing *pink, pink, pink*)
tulips (also pink)
poplars creaking as they sway
close-cropped grass in the Champs-Élysées

THINGS CARRIED

100,000 francs in mixed denominations
jingling French key chain
wallet with forged papers
second set of false papers for escape to Spain
cigarette case
Mother's needle and thread

V

NOM COMPLET

Enseigne Violette Szabo
(Infirmière premiers soins)
(alias : Vicky Taylor)

DATE DE NAISSANCE

26 6 21

ADRESSE

Camp de concentration de Ravensbrück

DATE

Janvier 1945 (toujours en vie)

V

NAME

Ensign Violette Szabo
(First Aid Nursing Yeomanry)
(alias: Vicky Taylor)

D.O.B.

26 6 21

ADDRESS

Ravensbrück Concentration Camp

DATE

January 1945 (still alive)

MÉTÉO

Température -1 degré Celsius (30 Fahrenheit), peut descendre jusqu'à -20 degrés Celsius (moins 4 Fahrenheit) ; précipitations moyennes 58 millimètres ; vent vif soufflant depuis la Baltique.

GARES

Paris Gare de l'Est (bruit de bottes)
Lagny
Meaux
Château-Thierry (tirs de DCA)
Epernay
Châlons-sur-Marne (train bombardé)
camion pour Reims
camion—moteur défectueux— pour Metz
camion pour Sarrebruck
Neue Bremm, camp
camion pour Sarrebruck Hauptbahnhof (camion à bestiaux)
Homburg
Kaiserslautern
Neustadt (lampe entraperçue)
Ludwigshafen
Mannheim (nom d'un philosophe au dos d'un livre)
Francfort
Hanau (épaisse fumée)
Fulda
Bad Hersfeld
Eisenach
Gotha
Erfurt
Weimar (ville de Goethe, grise au crépuscule)
Naumburg
Halle

WEATHER

Temperature minus 1 degree Celsius (30 Fahrenheit), dipping to minus 20 degrees Celsius (minus 4 Fahrenheit); average rainfall 58 milimetres; sharp wind from Baltic.

STATIONS

Paris Gare de l'Est (jackboots)
Lagny
Meaux
Chateau Thierry (anti-aircraft gun shoots)
Epernay
Châlons-sur-Marne (train bombed)
truck to Reims
truck with defective engine to Metz
truck to Saarbrücken
Neue Bremm camp
lorry to Saarbrücken Hauptbahnhof (cattletruck)
Homburg
Kaiserslautern
Neustadt (glimpse of lamp)
Ludwigshafen
Mannheim (philosopher's name on the spine of a book)
Frankfurt
Hanau (thick smoke)
Fulda
Bad Hersfeld
Eisenach
Gotha
Erfurt
Weimar (Goethe's city, grey at nightfall)
Naumburg
Halle

Bitterfeld
Lutherstadt Wittenberg (la Réforme)
Jüterborg
Berlin Hauptbahnhof (camouflage, rumeurs d'invasion)
Oranienburg
Fürstenberg
marche glaciale au bord du lac Fürstenberg, jusqu'au camp de
　　Ravensbrück

TERRAIN

Salon-la-Tour, Corrèze, barrage routier (2e Division Panzer SS Das
　　Reich)
tranchant d'épis sur jambe nue sous un feu nourri dans un champ
　　de blé de Salon-la-Tour
béton mouillé, salle d'interrogatoire, Paris, avenue Foch
traces de rouille sur les barreaux, barbelés, prison de Fresnes
　　(cellule 435, 4e étage, 3e division, section allemande)
clôture surmontée d'un fil électrique, camp de Ravensbrück
Lac Fürstenberg (comme un loch écossais)
mur intérieur
sol sablonneux
morceau de papier aluminium
herbe
parement de briques (comme le petit entrepôt d'explosifs à
　　Arisaig)
pins au loin
puces
matelas de paille pleins de poux
odeur du hangar à charbon près du crématorium

Bitterfeld
Lutherstadt Wittenberg (the Reformation)
Jüterborg
Berlin Hauptbahnhof (camouflage, rumours of invasion)
Oranienburg
Fürstenberg
walk by cold Lake Fürstenberg to Ravensbrück camp

TERRAIN

Salon-la-Tour, Corrèze, roadblock (2nd SS Panzer Division *Das Reich*)
sharpness of the wheat on bare leg under heavy fire in Salon-la-Tour wheat field
damp concrete, interrogation cell, Paris, avenue Foch
flecks of rust on bars, barbed wire, Fresnes Prison (cell 435, 4th floor, 3rd Division, German Section)
fence topped with electrified wire, Ravensbrück Camp
Lake Fürstenberg (like a Scottish loch)
inner wall
sandy soil
piece of tinfoil
grass
brickwork (like the small explosives store-shed at Arisaig)
distant pine trees
fleas
straw mattresses full of lice
smell of coal shed near crematorium

UNE VIEILLE HISTOIRE

—par saint Matthieu

Dans Rama s'est fait entendre une voix, / qui sanglote et moult se lamente : / c'est Rachel pleurant ses enfants ; / et ne veut pas qu'on la console, / car ils ne sont plus.

ENTRAÎNEMENT

La Binz et son fouet

LISTE DE COURSES

Ma combinaison de soie bleue
Chaussures en cuir craquelé

PRIÈRE

Libera me, Domine, de morte æterna, in die illa tremenda :
Quando cæli movendi sunt et terra :
Dum veneris iudicare sæculum per ignem.
Tremens factus sum ego, et timeo, dum discussio venerit, atque
    ventura ira.
Quando cæli movendi sunt et terra.
Dies illa, dies iræ, calamitatis et miseriæ, dies magna et amara
    valde.

AN OLD STORY

—by St Matthew

In Rama there was a voice heard, lamentation, and weeping, and great mourning, Rachel weeping for her children, and would not be comforted, because they are not.

TRAINING

The Binz with her whip

SHOPPING LIST

My blue silk slip
Cracked leather shoes

PRAYER

Libera me, Domine, de morte æterna, in die illa tremenda:
Quando cæli movendi sunt et terra:
Dum veneris iudicare sæculum per ignem.
Tremens factus sum ego, et timeo, dum discussio venerit, atque
    ventura ira.
Quando cæli movendi sunt et terra.
Dies illa, dies iræ, calamitatis et miseriæ, dies magna et amara
    valde.

Dum veneris iudicare sæculum per ignem.

Requiem æternam dona eis, Domine : et lux perpetua luceat eis.

(Délivre-moi, Seigneur, de la mort éternelle, en ce jour redoutable,
Où le ciel et la terre seront ébranlés ;
Quand tu viendras éprouver le monde par le feu.
Voici que je tremble et que j'ai peur, devant le jugement qui
approche, et la colère qui doit venir.
Ce jour-là sera jour de colère, jour de calamité et de misère, jour
mémorable et très amer
Quand tu viendras éprouver le monde par le feu.
Donne-leur le repos éternel, Seigneur, et que la lumière brille à
jamais sur eux.)

CHOSES ENTENDUES / SOUVENIRS

Tir de l'amère mitraillette Sten, pendant 20 minutes depuis le
champ de blé de Salon-la-Tour

parfum de munitions à Torgau

« Elle parle français avec un accent cockney »

« La petite anglaise »

abattant les bouleaux

A Königsberg, creusant le sol gelé

les frères Mills qui chantent « I'll Be Around »

« Nous devons tous tenir le coup, nous devons être forts »

« Cela fait si longtemps que j'ai froid »

Dum veneris iudicare sæculum per ignem.

Requiem æternam dona eis, Domine: et lux perpetua luceat eis.
(Free me, Lord, from death eternal on that awful day:
When heaven and earth shall be shaken:
When You will come to judge the world by fire.
Dread and tremors have seized me, and I fear impending
    judgment and wrath.
When heaven and earth shall be shaken.
On that day, the day of wrath, sharp pain and wretchedness, that
    great and bitterest day
When You will come to judge the world by fire.
Grant them eternal rest, Lord: and let perpetual light shine on
    them.)

OVERHEARD/REMEMBERED

Firing the acrid Sten for 20 mins from the wheat field at Salon-la-
    Tour

munitions smells at Torgau

'She speaks French with a cockney accent'

'*la petite Anglaise*'

chopping down birch trees

at Königsberg, digging frozen ground

the Mills Brothers singing 'I'll Be Around'

'We must all hold on, we must be strong'

'I have been cold for so long'

Il pleure dans mon coeur
Comme il pleut sur la ville ;
Quelle est cette langueur
Qui pénètre mon Coeur

Ô bruit doux de la pluie
Par terre et sur les toits !
Pour un Coeur qui s'ennuie
Ô le chant de la pluie !

—*Paul Verlaine*

ÉVALUATION

Morts : 80 par jour
Denise Bloch abattue d'une balle dans la nuque par le SS
    Sturmmann Schult
Lilian Rolfe abattue d'une balle dans la nuque par le SS
    Sturmmann Schult
Violette Szabo abattue d'une balle dans la nuque par le SS
    Sturmmann Schult

Il pleure dans mon coeur
Comme il pleut sur la ville;
Quelle est cette langueur
Qui pénètre mon Coeur

Ô bruit doux de la pluie
Par terre et sur les toits!
Pour un Coeur qui s'ennuie
Ô le chant de la pluie!

(It rains in my heart
Like rain falling in town;
What is that languor
That has entered my heart?

O soft sound of rain
On earth and on roofs!
For the heart's ennui
O the song of the rain!)

—Paul Verlaine

ASSESSMENT

deaths: 80 per day
Denise Bloch shot in back of neck by SS *Sturmmann* Schult
Lilian Rolfe shot in back of neck by SS *Sturmmann* Schult
Violette Szabo shot in back of neck by SS *Sturmmann* Schult

DISTANCES

Ravensbrück-Sarrebruck 800 kilomètres ; Ravensbrück-Paris 940 kilomètres ; Ravensbrück-Londres 1100 kilomètres ; Ravensbrück-Fürstenberg 1 kilomètre.

NOURRITURE

Petit déjeuner : café noir ; 200 grammes de pain (distribué à l'heure du souper).
Déjeuner : ½ litre de soupe au chou ou au rutabaga ; 3–4 pommes de terre.
Souper : ½ litre de soupe claire et tiède.

RÉVEILLÉE PAR

Sirène de l'*appell* à 4 h
souvenir du saut
chaînes en métal : lourdes menottes aux chevilles, lourdes menottes aux poignets
givre

FAUNE ET FLORE

Commandant Fritz Sühren
la pompe du camp
pins
poux

DISTANCES

Ravensbrück to Saarbrücken 800 kilometres; Ravensbrück to
Paris 940 kilometres; Ravensbrück to London 1100 kilometres;
Ravensbrück to Fürstenberg 1 kilometre.

FOOD

Breakfast: black coffee; 200 grams bread (distributed suppertime).
Lunch: ½ litre cabbage or swede soup; 3–4 potatoes.
Supper: ½ litre thin, luke-warm soup.

AWOKEN BY

4 a.m. *appell* siren
memory of the jump
metal chains: heavy ankle manacle, heavy wrist manacles
ice

FLORA AND FAUNA

Commandant Fritz Sühren
the camp pump
pine trees
lice

CHOSES PORTÉES

fil

THINGS CARRIED

thread

26 6 1921

5 2 1945

26 6 1921

5 2 1945

Note

The form of *Curriculum Violette* owes something to that of
Sergey Zavyalov's *Rozhdestvenskij Post / Advent, Leningrad 1941* (Geneva:
Molecular Press, 2017), which was given to me by Peter McCarey.

As a child I read R. J. Minney's *Carve Her Name with Pride* (1956; rpt.
Barnsley: Pen & Sword Books, 2015) as part of the 1967 collection
Three Great War Stories (Collins); more recently I read Susan Ottaway's
biography, *Violette Szabo* (Barnsley: Pen & Sword Books, 2003).
Curriculum Violette draws on the facts of Violette Szabo's life presented
in these and other books.

Remarques

La forme de *Curriculum Violette* est redevable à l'oeuvre de Sergey Zavyalov
dans *Rozhdestvenskij Post / Advent Leningrad 1941*, (Genève : Molecular
Press, 2017), dont une copie me fut confiée par Peter McCarey.

Enfant, j'ai lu *Carve Her Name with Pride* de R.J. Minney, (1956 ; rpt.
Barnsley : Pen & Sword Books, 2015), paru dans le cadre de la série *Three
Great War Stories* de Collins, en 1967. Plus récemment, j'ai lu la biographie
de Susan Ottaway, *Violette Szabo* (Barnsley : Pen & Sword Books, 2003).
Curriculum Violette s'inspire des faits de la vie de Violette Szabo tels que
présentés, entre autres, par ces deux ouvrages.

Robert Crawford's recent collections of poetry include *The Scottish Ambassador* (Cape, 2018) and *Strath* (with photographs by Norman McBeath; Easel Press, 2019), as well as a collaboration with the artist Calum Colvin, *Brexit Tears* (Kettillonia, 2020). His prose books include *On Glasgow and Edinburgh* (Harvard University Press, 2013), and biographies of Robert Burns and T. S. Eliot. Emeritus Professor of Modern Scottish Literature and Bishop Wardlaw Professor of Poetry at the University of St Andrews, he lives in Edinburgh.

*

Robert Crawford est l'auteur de nombreux recueils de poèmes, dont *The Scottish Ambassador* (Cape, 2018) ainsi que *Strath* (illustré par le photographe Norman McBeath, Easel Press, 2019) et *Brexit Tears*, en collaboration avec l'artiste Calum Colvin (Kettillonia, 2020). Ses ouvrages en prose incluent *On Glasgow and Edinburgh* (Presses Universitaires d'Harvard, 2013) ainsi que des biographies de Robert Burns et de T. S. Eliot. Professeur émérite de lettres modernes écossaises et de poésie, détenteur d'un prestigieux 'Bishop Wardlaw' à l'université de St Andrews, Crawford vit actuellement à Edimbourg.

¶

Paul Malgrati est un poète et universitaire, spécialiste de littérature écossaise. Après avoir complété sa thèse sous la direction de Robert Crawford, à l'université de St Andrews, il est désormais chercheur au Centre d'Etudes Robert Burns de l'université de Glasgow, où il prépare l'édition de son premier ouvrage.

*

Paul Malgrati is a Franco-Scottish poet and academic, specialising in Scottish literature. In 2020, he completed his Ph.D. at the University of St Andrews, under the (co)supervision of Robert Crawford. Working towards the publication of his first monograph, Paul is currently a post-doctoral researcher at the Centre for Robert Burns Studies (University of Glasgow).

Lightning Source UK Ltd.
Milton Keynes UK
UKHW012037120221
378714UK00001B/86